乃木神社全景（東京　乃木神社）

日露戦争、出陣の写真
（手に持参の写真は、御子息の写真）

乃木勝典・保典

王家甸子の28サンチ砲台
松樹山、東鶏冠山、二〇三高地などの戦闘でロシア軍陣地を破壊した。

司令官大将乃木希典(中央)と第3軍の首脳たち。

序

平成二十一年九月十三日、乃木神社例祭の際、中央乃木会小堀桂一郎会長より、中西輝政教授の『歴史街道』「乃木希典」を近年の諸作の中では傑出した乃木伝として御紹介させて頂きました。

戦前より、乃木将軍の伝記類は、西洋のリンカーン、東洋の乃木といはれる程数多く出版されて将軍の徳を賛へてきましたが、戦後は、その数依然として多しといへども、その内容は或いはイデオロギー的に利用するものであり、或いは稚拙な内容の戦術論を展開するものであり、真の乃木精神の理解には、ほど遠いものが多いのが現状であります。

今般、ＮＨＫスペシャル『坂の上の雲』が放映されるに伴つて、司馬遼太郎氏の乃木将軍観に違和観を覚える私共は小堀桂一郎会長を通じ中西輝政先生の御快諾を得て、乃木将軍の至誠・大義を活写する歴史書として、本書を上梓致しました。本書を一人でも多くの方々にお読みいただき、これが光輝ある明治の精神を思ひおこし、祖国復興の礎《いしづえ》の一書となることを念願いたすものであります。

平成二十二年四月

乃木神社宮司　高　山　亨

目次

※本書収録の写真は、乃木神社（東京）所蔵。

※初出稿は、中西輝政「乃木希典　前・後」『歴史街道』（二〇〇九年九月・一〇月）ＰＨＰ研究所である。

「さん」づけで呼ばれた英雄

　日本史上、その事績が伝記や小説などで繰り返し語られる人物は大勢いますが、親しみを込めて「さん」づけで呼ばれる英雄となると、そう多くはありません。その一人が西郷隆盛《さいごうたかもり》です。西郷が醸《かも》しだす質朴《しつぼく》で剛毅《ごうき》、かつ包容力に満ちたイメージは、長らく日本人の理想の英雄像とされてきました。

　しかしもう一人、明治、大正、そして敗戦後も昭和三十、四十年代頃まで、西郷と同じように「さん」づけで呼ばれ、日本人の「こころの英雄」として国民に敬慕《けいぼ》されてきた人物がいました。乃木希典《のぎまれすけ》です。日本史の一大結節点である幕末から明治にかけては、能力的に傑出《けっしゅつ》した人物が数多く輩出《はいしゅつ》した時代でしたが、国民が真に愛したのは、大久保利通《おおくぼとしみち》でも伊藤博文《いとうひろぶみ》でもなく、「西郷さん」であり、「乃木さん」だったわけです。

最近は龍馬《りょうま》人気に押されてさほどではありませんが、いまも西郷は国民の間で敬愛されています。しかしこれに比べ、近年、乃木の評価はあまり芳《かんば》しくありません。現在流布《るふ》している一般の乃木像は、ただ朴訥《ぼくとつ》なだけでおまけに「戦《いくさ》下手」の無能な指揮官というものでしょう。いわゆる「乃木愚将論」です。こうした評価のもとになっているのが、司馬遼太郎《しばりょうたろう》の小説『坂の上の雲』であることはいうまでもありません。

司馬は昭和陸軍が作った〝精神主義一本槍〟の「軍神乃木」像に対する強い嫌悪《けんお》感がありました。そのため、『坂の上の雲』では児玉源太郎《こだまげんたろう》の有能さと比較されるように、日露《にちろ》戦争時の旅順《りょじゅん》攻防戦における乃木の無能さが強調されています。

とはいえ、最近の研究ではこうした「乃木愚将論」に対する説得力ある反証が唱《とな》えられるようになってきました。私も乃木が戦下手の指揮官であったとは思いませんが、ここで専門的な戦史の講義を語るつもりはありません。まず何よりも大切なのは、乃木とて我々と同じ人間だったという視点でしょう。

その上で私は、乃木を「明治日本で最も劇的な生涯を送った人間」と捉《とら》えています。あるいは明治という時代が、乃木という人間を必要としたからといえましょう。だからこそ、かつての日本人は乃木の中に本来の「明治の精神」、言い換えれば「日本人のこころ」の精髄《せいずい》を見出し、たまらない親愛と愛惜《あいせき》の情を注《そそ》いでいたのです。

小倉《こくら》城一番乗り

嘉永《かえい》二年（一八四九）、乃木希典は長州《ちょうしゅう》の支藩・長府《ちょうふ》藩士乃木希次《まれつぐ》の三男として、麻布日《あざぶひ》ケ窪《がくぼ》の長府藩邸（現・六本木ヒルズ）で生まれました（兄二人は早逝《そうせい》）。乃木家は代々藩医を務める家系でしたが、父希次は武芸に秀《ひい》で、士分に取り立てられて家禄《かろく》八十石を賜《たまわ》った人でした。それだけに希次は武士らしく生きようと努め、息子の乃木に対しても徹底したスパルタ教育を施《ほどこ》しました。ところが、幼少の乃木は幼名の「無人《なきと》」をもじって「泣き人」と囁《ささや》かれるほど身体《からだ》が弱く、泣き虫な子供でした。それでも希次は容赦《ようしゃ》しません。一番有名なのは、真冬のある日、寒さを口にした乃木を父の希次が井戸端《ばた》に連れていき、頭から冷水をかぶせたという逸話《いつわ》でしょう。

その後、剛直《ごうちょく》な希次は藩政の問題について意見を上申《じょうしん》したことから、閉門謹慎《きんしん》の処分を受け、突如《とつじょ》帰国を命じられます。乃木も父に従い、長府に帰国。十歳でした。

文久《ぶんきゅう》三年（一八六三）、乃木は年少の武士を教育する長府の集童場《しゅうどうじょう》に入り、文武の勉強に励《はげ》みます。とはいえ、虚弱《きょじゃく》な身体では武芸を続けていくのは無理と悲観し、将来は得意な学問で身を立てることに決めます。しかし父に反対されると、出奔《しゅっぽん》してしまったのです。

乃木が向かったのは、萩《はぎ》の玉木文之進《たまきぶんのしん》の家でした。玉木は、あの吉田松陰《よしだしょういん》の叔父《おじ》であり、松陰を厳しく鍛《きた》え上げた人でした。そもそも松陰が高杉晋作《たかすぎしんさく》や久坂玄瑞《くさかげんずい》ら維新の志士を教えた松下村塾《しょうかそんじゅく》は、天保《てんぽう》十三年（一八四二）にこの玉木が開いたものだったのです。

しかし玉木は、父母に背《そむ》いて家出してきた乃木を武士にあるまじき行為と叱《しか》りつけ、入門を許しませんでした。それを玉木の妻が憐《あわ》れんで引きとめ、乃木は何とか玉木家の世話になることができたのです。もっとも、当初玉木は乃木に学問を教えず、ただ畑仕事を手伝わせるのみでした。すると一年も経たないうちに、虚弱だった乃木の身体は、見違えるほど逞《たくま》しくなっていきました。

松下村塾発祥の所　　玉木文之進旧宅

元治《げんじ》元年（一八六四）、乃木は晴れて玉木に入門を許され、以後、四年間、玉木に師事することになります。それは乃木の生涯における一度目の大きな「転機」だったといえましょう。翌年、乃木は萩の藩校明倫館《めいりんかん》に通うようにもなりました。

すでに六年前に、松陰は安政《あんせい》の大獄《たいごく》で刑死していましたが、玉木は乃木に対して松陰直筆《じきひつ》の「士規七則《しきしちそく》」を与え、松陰の精神を伝授《でんじゅ》しようとしました。「士規七則」は武士の心得を記したもので、人たる所以《ゆえん》、士道のあり方、天皇への忠義などが説かれています。こうして乃木は

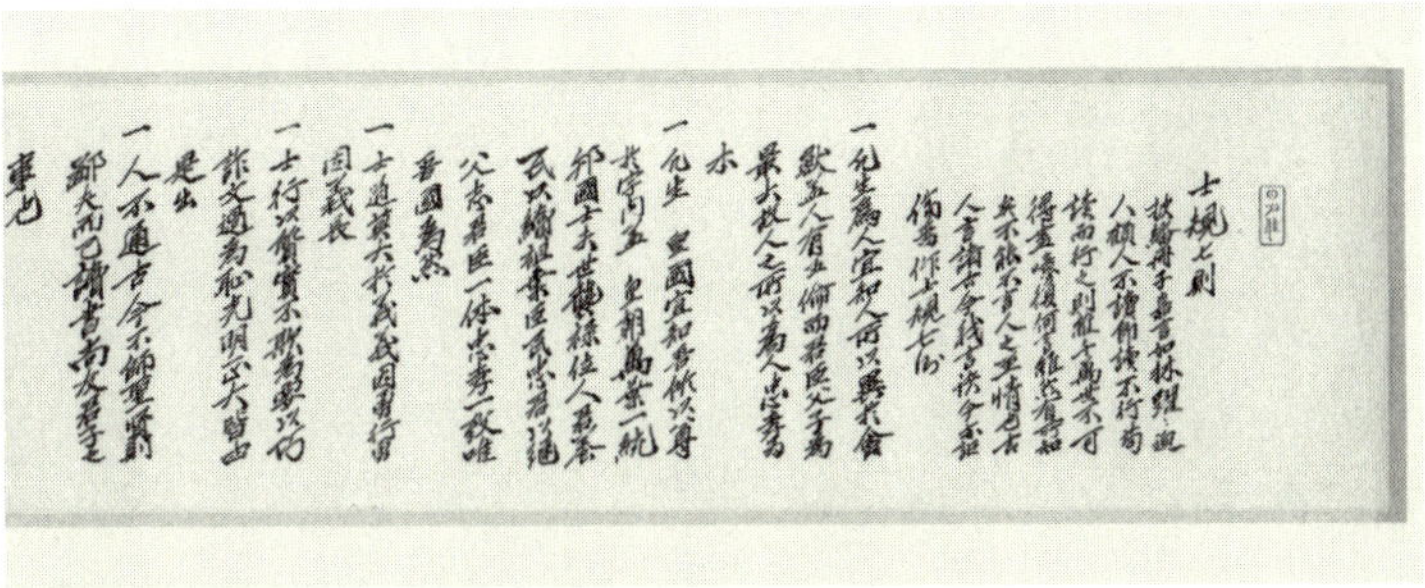
士規七則

「士規七則」〈巻頭〉（吉田松陰直筆）

玉木を通じて間接的ながら松陰の志を受け継ぎ、松陰を「生涯の師」とするようになったのです。乃木の父希次はそんな息子に対し、ある一冊の本を自ら筆写して送り、父親としての愛情を示しました。山鹿《やまが》素行《そこう》の『中朝《ちゅうちょう》事実《じじつ》』です。

　山鹿素行は江戸前期の儒学者《じゅがくしゃ》・兵学者で、多くの儒学者が明《みん》・清《しん》を「中華」として傾倒しているのを批判し、万世《ばんせい》一系の天皇を戴《いただ》く日本こそ「中朝」であるとして、『中朝事実』を著《あら》わしました。そもそも松陰は、その素行に始まる山鹿流兵学を家学とする吉田家の跡取りとして鍛えられた人でした。松陰が唱《とな》えた「士規七則」も、素行の『中朝事実』がもとになっています。乃木もまた『中朝事実』を生涯、座右の書とし、戦場に赴《おもむ》く際も肌身《はだみ》離さず携行《けいこう》したといわれます。

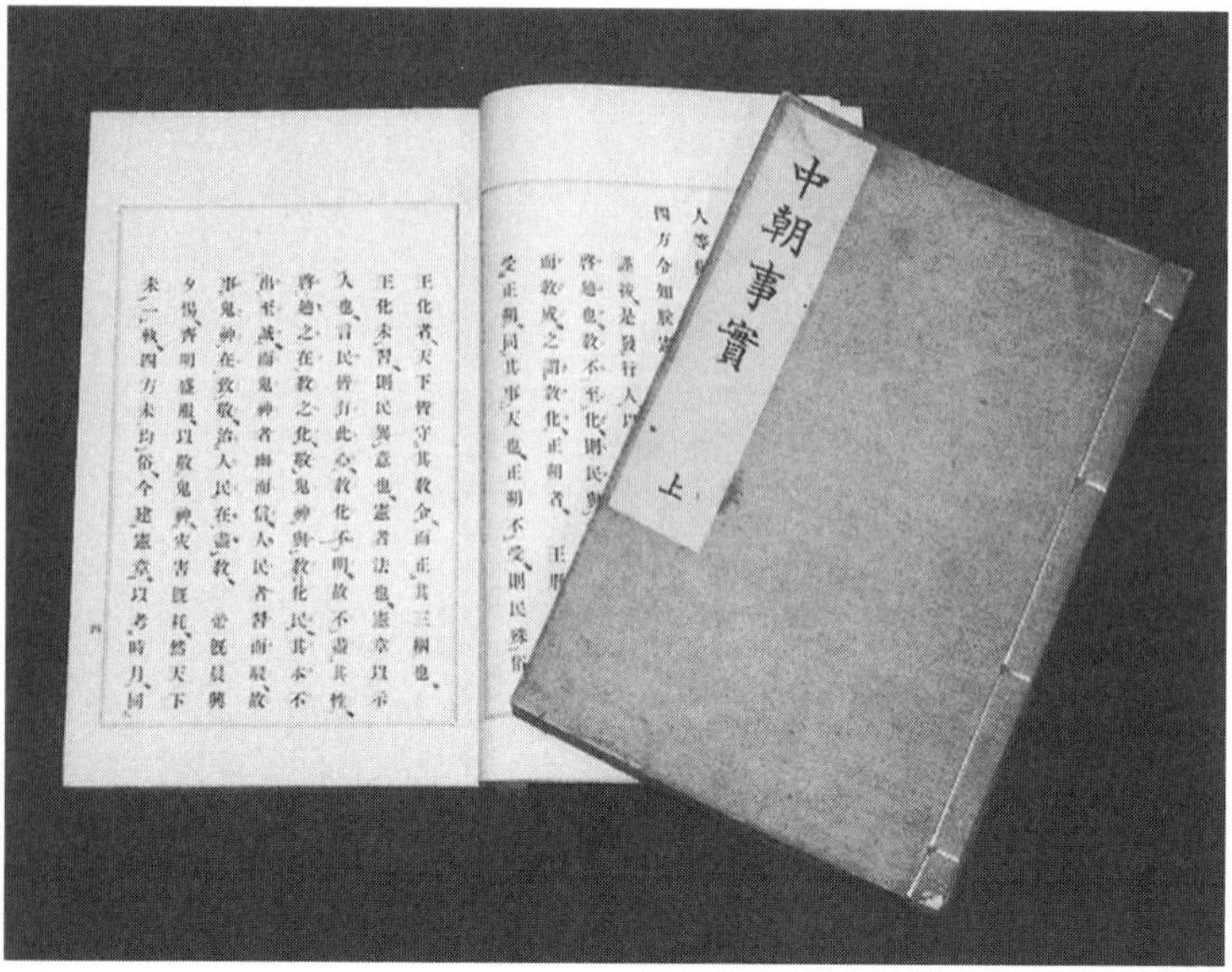

『中朝事実』（山鹿素行著）

ちなみに忠臣蔵《ちゅうしんぐら》で有名な大石内蔵助《おおいしくらのすけ》は、山鹿素行の門弟の一人です。幼少の頃、乃木は父希次より赤穂《あこう》四十七士の話を武士の手本として、何度も繰り返し聞かされて育ちました。実は乃木の生誕地である江戸の長府藩邸は、赤穂浪士十名が切腹《せっぷく》を賜った地でした。この浪士十名は長府毛利家の菩提寺《ぼだいじ》でもある泉岳寺《せんがくじ》に埋葬《まいそう》されました。藩公の命日には乃木は父希次に従って泉岳寺に行き、藩公の後は浪士の墓に参ったといいます。

慶応二年（一八六六）六月、当時十八

歳の乃木に初陣《ういじん》の機会がやってきました。幕府の大軍が長州藩領に攻め寄せ、四境《しきょう》戦争（第二次長州征伐《せいばつ》）が勃発《ぼっぱつ》したのです。乃木は長府藩報国隊《ほうこくたい》の一員として、九州小倉口《こくらぐち》で戦いました。この方面の指揮官は松陰の愛弟子《まなでし》・高杉晋作。小倉口の幕府軍五万に対し、奇兵隊《きへいたい》を主力とする長州軍は、わずか一千にすぎませんでした。

戦後の歴史書の多くは、四境戦争における長州軍勝利の要因を薩長《さっちょう》同盟と西洋銃に求め、あたかも勝つべくして勝ったという記述がなされています。けれども、こういう鈍感さでは歴史から何も学ぶことはできないでしょう。そこに人間の姿を見ていないからです。

この時、小倉口の指揮官・高杉晋作は「勤皇ノ戦ニ討死スル者也《なり》」という襷《たすき》を掛けて指揮を執《と》り、馬関《ばかん》海峡を渡って乾坤一擲《けんこんいってき》の敵前上陸を敢行《かんこう》しました。先に逝《い》った師・松陰の志に殉《じゅん》じようとするこの晋作の気迫が、長州藩を滅亡の危機から救い、「維新回天」、つまり日本史転換の扉を押し開けたのです。

そしてこの戦いで小倉城一番乗りを成し遂《と》げた男こそ、初陣ながら、晋作から大砲一門と兵十数名を預かる小隊長に抜擢《ばってき》された乃木希典でした。司馬遼太郎風の「乃木愚将論」を一蹴《いっしゅう》するようなその目覚ましい働きもさることながら、「維新回天」に向け、常に歴史の重要局面で登場してくる乃木の劇的さに、私は改めて驚かされます。まさに「運命の人《マン・オブ・デスティニー》」というしかありません。その後、乃木は戊辰《ぼしん》戦争には従軍することなく明治維新を迎えているだけに、この時の活躍はなおさら強烈《きょうれつ》な印象を残しています。ところで、乃木が小倉城一番乗りを果たした際、戦利品として分捕《ぶんど》った名馬を横取りしたのが、当時、奇兵隊軍監であった山県有朋《やまがたありとも》といわれます（櫻井忠温《さくらいただよし》『乃木将軍』）。後年の二人の因縁《いんねん》を思うと、興味深い話です。

乃木を襲った「二重の衝撃」

明治四年（一八七一）、乃木は一躍《いちやく》陸軍少佐に任命され、以後、四十年にわたる軍歴が始まりました。明治八年（一八七五）には、熊本鎮台《ちんだい》・歩兵第十四連隊長心得に就任。ここで乃木は生涯二度目の「転機」を経験します。

当時、新政府の方針に不満を持つ士族が各地で蜂起《ほうき》の気配《けはい》を見せており、萩では前参議《さんぎ》の大物・前原一誠《まえばらいっせい》を中心に反政府の機運を高めていました。その「前原党」の有力な幹部となっていたのが、乃木と五つ違いの実弟・玉木正誼《まさよし》です。正誼はその人物を玉木文之進に認められ、玉木家の養子となっていたのです。

その正誼は、新政府の陸軍士官となっていた兄希典のもとをたびたび訪れては、決起に参加してくれるよう懇願《こんがん》します。しかし、乃木はあくまで峻拒《しゅんきょ》。やがて乃木は、旧秋月《あきづき》藩士族による乱（秋月の乱）に出動、これを平定した後、萩で前原党が蜂起《ほうき》したことと（萩の乱）、弟正誼の戦死、そして恩師・玉木自決の悲報を聞くのです。明治九年（一八七六）十月のことでした。玉木が割腹《かっぷく》したのは、養子正誼や多くの教え子が萩の乱に参加した責任をとってのことでした。

多くの乃木伝は、この時の心情について詳《くわ》しくは触れていません。しかし、肉親と恩師を一度に失った乃木が悲嘆《ひたん》に暮れなかったはずはないし、それを負《お》い目に感じなかったはずもないでしょう。もしこの時、乃木の心の支えになるものがあったとすれば、それは山鹿素行の『中朝事実』と松陰の教えだったのではないでしょうか。

私情を超えた天皇への忠義を貫くことが、明治の武士の生きる道である――。乃木は、いわば「新政府への忠誠」という抽象的観念ではなく、「天皇への忠義」という人間としての信念奉《ほう》じることによってしか、自らの心の痛みを乗り越える術《すべ》がなかったのだと思います。またそれは、二十九年後、二人の愛息を旅順で戦死させたあと、乃木の人生をも照らし出す「心の光」でもありました。

しかしそんな乃木を、さらなる悲劇が襲います。生涯三つ目の「転機」となる西南戦争時の軍旗喪失事件《ぐんきそうしつじけん》です。

明治十年（一八七七）二月、西郷隆盛を首領とする薩軍一万三千が熊本城を包囲しました。乃木は歩兵第十四連隊の主力を率《ひき》いて小倉を出陣し、夜行軍の果てに熊本城北方の植木《うえき》で薩軍と遭遇《そうぐう》しました。

戦闘は凄《すさ》まじい白兵戦となり、乃木は一時撤退を決意。その際に、天皇から授《さず》かった大事な連隊旗を敵に奪われてしまうのです。

「萩の乱」を乗り越え、あくまで天皇の忠臣たらんとすることで自分を支えようとしていた乃木にとって、「軍旗喪失」という軍人にあるまじき失態《しったい》を犯したことは「二重の衝撃」となって、彼の心に重く伸《の》し掛かりました。乃木は恥辱《ちじょく》のあまり、自ら何度も死地に入り、あえて薩軍の正面に立ち敵弾に当たって死のうとするも果たせません。西南戦争終了後、今度は割腹

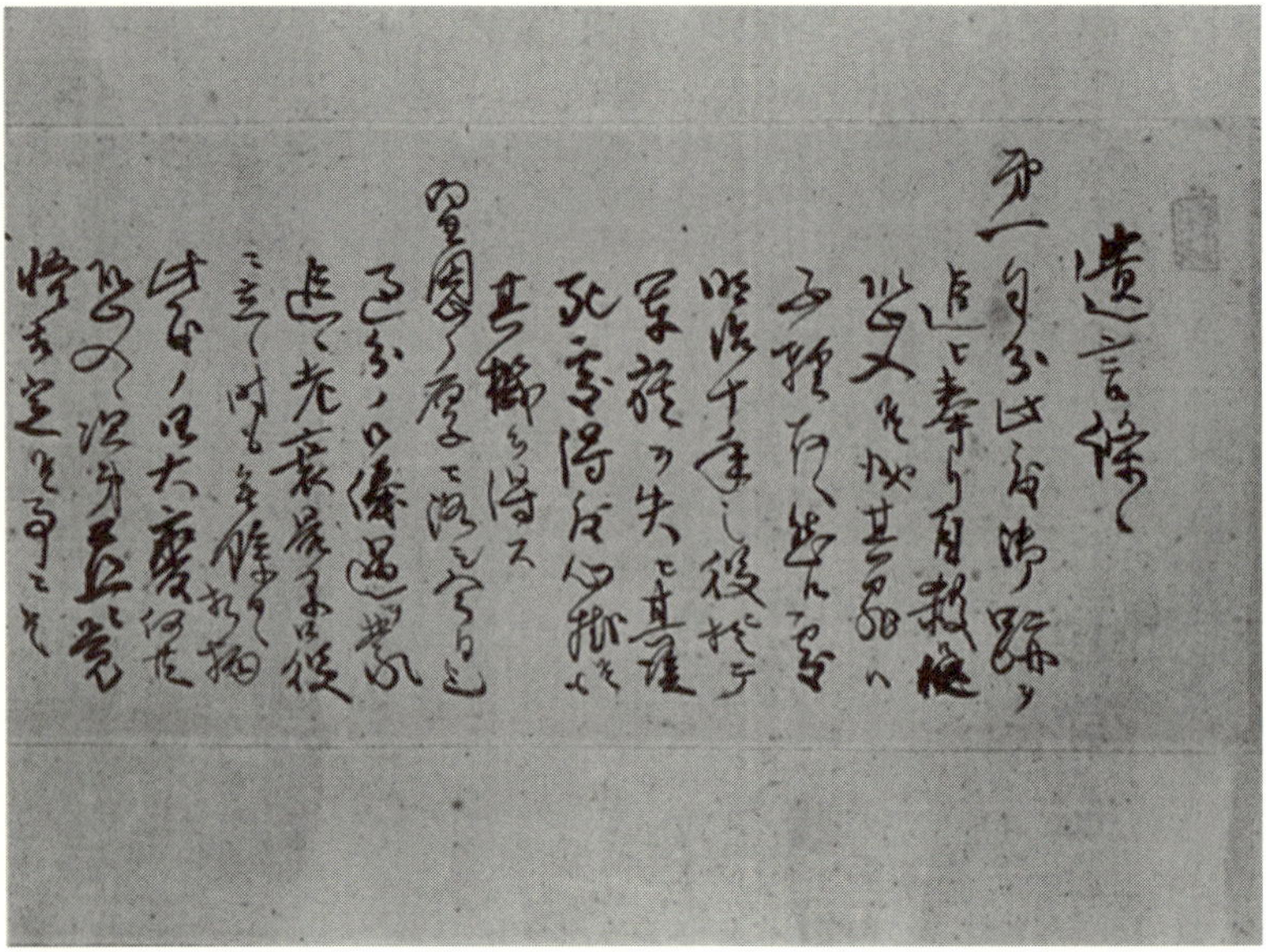

「遺言の條々」

を試みますが、これも友人の児玉源太郎に止められて断念しました。後年、乃木は明治天皇のあとを追って殉死を遂げる際、この軍旗喪失への謝罪を遺言《ゆいごん》の第一に挙げたことはよく知られています。

西南戦争での軍旗喪失は、乃木の生涯最大の痛恨事《つうこんじ》でしたが、もう一つの重要なことは、この時、明治天皇が乃木という一人の人間を見出されたことでしょう。軍旗を喪失して恥辱のあまり敵弾にあえて身を曝《さら》して死のうとしている乃木の異常な行動は、やがて明治天皇の耳にも達しました。すると明治天皇は、「乃木を殺してはならん」と前線指揮官の職からわざと外すように命じられたのです。明治天皇は乃木の責任感の強さに対して、深く人間としての信頼の念を寄せられたのでしょう。

そしてまた、この内戦の最後に城山《しろやま》で散った西郷隆盛も、明治天皇が深く愛された人物でした。非常に象徴的な意味でいえば、明治十年のこの時、明治天皇と西郷隆盛と乃木希典という、三人のこころが交錯《こうさく》し、そして一つになることで、明治という時代、さらに理想としての「日本人の生き方」がこの国の歴史の中に浮かび上がったといえましょう。それは同時に、どんな時も我々が一番大切にすべき「日本人のこころ」が光り輝いた瞬間ではなかったでしょうか。

確かに、西郷は天皇に対し弓を引く「叛徒《はんと》の首魁《しゆかい》」でした。そして乃木は天皇の信任（軍旗）を結果的に蔑《ないがし》ろにした「恥辱の臣」です。しかし、天皇はこの二人の「まごころ」を知り尽くし、親が子を抱きしめるようにして二人を赦《ゆる》されました。また広く国民がこれを共感することによって、己《おのれ》を虚《むな》しくして大義に殉じるという「明治の精神」がここに確立したように思えます。

西南戦争の頃の希典

文明開化や殖産《しょくさん》興業をいくら推《お》し進めようとも、そこにこうした人間としての精神がなかったならば、所詮《しょせん》この国の未来は危ういのではないか――常にそのことを危惧《きぐ》されていた明治天皇にとって、西郷や乃木の精神こそ国造りになくてはならない特別な宝物として大切に思われ、また彼らを愛《いと》おしく感じられたのでしょう。

甦《よみがえ》る松陰の精神

もっともその後、中佐、大佐を経て少将まで累進《るいしん》する乃木は、軍旗喪失で受けた恥辱を忘れるかのように、料亭に入り浸《びた》っては大酒を呑《の》む毎日を送りました。当時、高級将校が部下を引き連れて豪遊することが「軍人の嗜《たしな》み」とされていた時代とはいえ、乃木のそれは少々度が過ぎていたようです。この時の乃木の心情を推し量《はか》るのは難しいですが、「死に場所を失った者」特有の自暴自棄とさえ見える、大いに鬱屈《うっくつ》したものを抱《かか》えていたことは間違いないでしょう。

そんな乃木の態度が一変したのは、明治二十一年（一八八八）、ドイツ留学より帰国後のことでした。ドイツから帰った乃木は自宅でも常時軍服を着用し、酒杯《しゅはい》を遠ざける陸軍一の堅物な男になっていたのです。あまりの変貌《へんぼう》ぶりに驚いた周囲が理由を尋ねても、乃木は「感ずるところあり」と答えるのみ。一説には、留学でドイツ軍人の質実剛健な生活ぶりに感化されたといわれますが、私は違うと思います。乃木のドイツ滞在は一年余りにすぎませんでしたが、そこで、西洋の物質文明の本質に触《ふ》れたからではないでしょうか。そんな、日本人にとって何より大切な「こころ」というものを欠いた文明の行き着く先は、大いなる破壊にすぎないと――。

当時のドイツはビスマルク外交華《はな》やかなりし頃であり、また西洋諸国はパワー・ポリティクスの修羅場《しゅらば》を繰り返していました。ちょうど西郷隆盛が耳学問だけで西洋文明を「野蛮である」と、その本質を看破《かんぱ》してみせたように、乃木の鋭《するど》い感性は、わずかな留学期間でも、近代西洋文明に対する強烈な違和感と、そんな西洋を手本とする日本に深い危機感を抱かせるのに十分だったのでしょう。ドイツ留学は、乃木の生涯で四度目の「転機」になりました。

かくしてドイツからの帰国後、乃木は、破壊を事とする軍隊に実はなくてはならないもの、それは精神、すなわち「日本人のこころ」であり、自分はその点を意識して「日本軍人の模《も》範《はん》」たろうと決意したのです。そして、厳しく自己を律《りっ》して一段と研鑽《けんさん》に励《はげ》みました。国を挙

ドイツ留学時代の将軍（右から4番目）

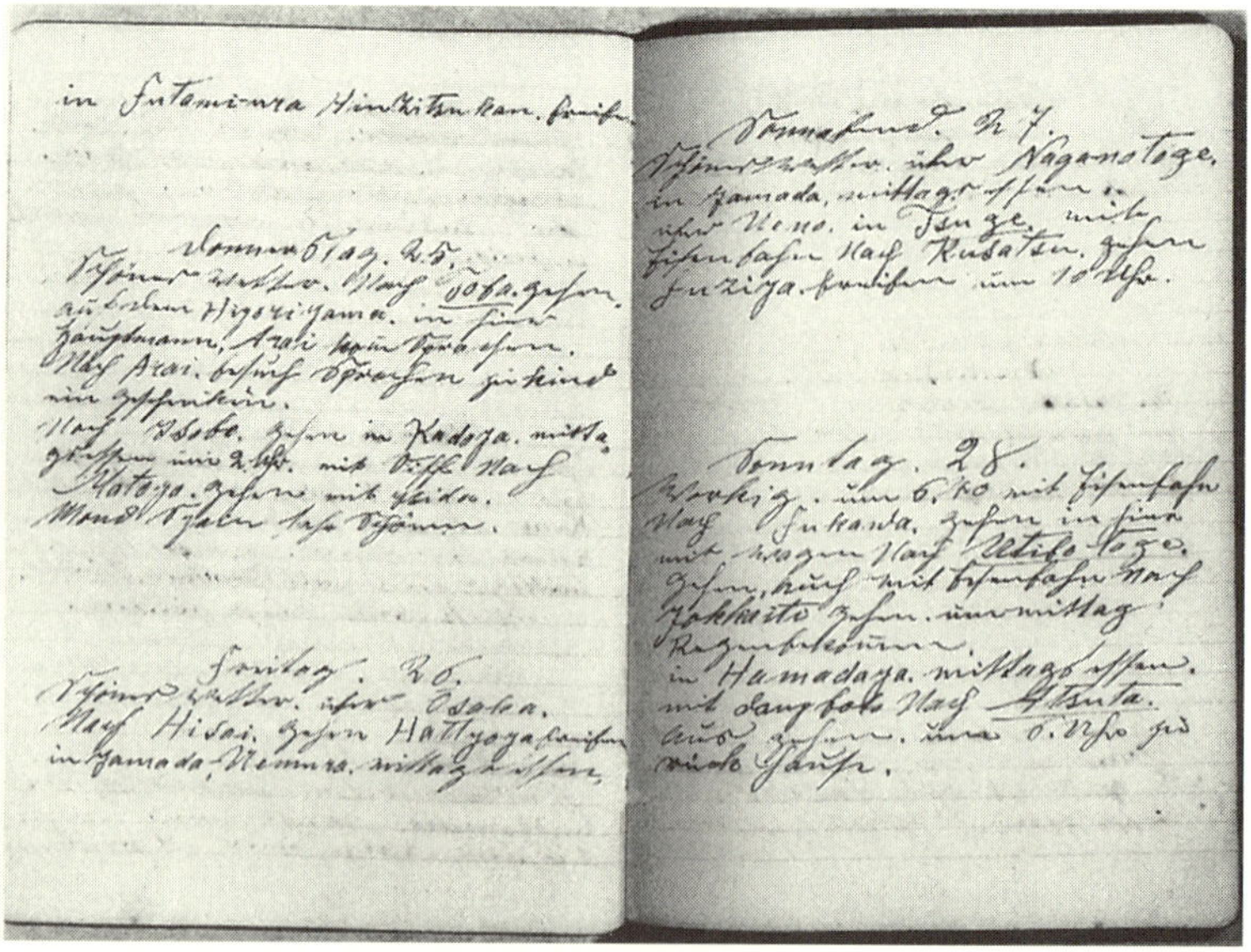

『独語日記』（乃木希典直筆）

げて西洋文明の輸入を急ごうと狂奔《きょうほん》している時に、乃木は時代に逆行するかのように、日本古来の武士が大切にしてきた徳義を重んじる生き方を身をもって示そうとしたのです。幾多《いくた》の「転機」を経て、ここに乃木は「松陰の志」を受け継ぐ者、という自らの原点を見出し、それを「己の宿命」として課すことを深く是認《ぜにん》するに至ったのです。

明治二十七年（一八九四）、日清戦争が勃発すると、乃木は歩兵第一旅団を率いて出陣。乃木の属する第二軍第一師団は、堡塁《ほうるい》と砲台に守られた旅順要塞をわずか一日で攻略。その後も乃木は第一混成旅団を指揮し、各地を転戦しました。特に蓋平《がいへい》の戦いでは、桂太郎《かつらたろう》指揮する第一軍隷下《れいか》の第三師団を包囲する清国軍を撃破するなど、目覚ましい活躍を遂げ、名将ぶりを世界に示しました。

明治二十八年（一八九五）四月、講和条約が調印され日清戦争が終結すると、乃木は「将軍の右に出る者なし」という最大級の賛辞《さんじ》を受けて凱旋《がいせん》帰国しました。運命の日露戦争の十年前のことでした。

乃木将軍の凱旋帰国

「名将」の資質

「将軍の右に出る者なし」と、日《にっ》清《しん》戦争で指揮を執《と》った将官の中では最大級の賛辞《さんじ》を受けて乃木希典《のぎまれすけ》が帰国したのは、明治二十八年（一八九五）四月のことでした。野戦指揮官としての乃木の名声が、当時から国内だけでなく海外にまで鳴り響いていたことを、近年のいわゆる「乃木愚将論」は無視しています。

休む間もなく同年九〜十月、乃木は日清講和で日本領となった台湾の平定作戦に従事した後、翌明治二十九年（一八九六）十月、桂太郎《かつらたろう》の後任として第三代台湾総督に就任しました。六十九歳の老母・寿子《ひさこ》を連れての赴任は、「台湾の土にならん」との乃木の覚悟の程を示しています。

しかし、赴任後すぐ寿子が疫病《えきびょう》にかかって亡くなるという悲劇に見舞われ上に、悪徳商人や汚職官吏が横行する「政治の世界」は潔癖《けっぺき》な乃木には合わなかったようで、明治三十一年（一八九八）二月、乃木は後事を児玉源太郎《こだまげんたろう》に託《たく》し、帰国せざるを得ませんでした。

台湾総督を辞任した乃木は、七カ月の休職の後、同年十月、香川県善通寺《ぜんつうじ》に新設された第十一師団長に任じられます。乃木はこの新設の師団の将兵を厳しく鍛《きた》えると同時に、深い慈愛《じあい》をもって接したので、多くの将兵からほとんど「無限に近い信頼」を得るに至りました。

真夏の炎天下、師団の工兵隊が橋を架《か》ける訓練をしていた日のことです。気づくと乃木が一人で対岸の河原に立ち、こちらを見つめています。やがて正午になり、兵士たちが弁当を食べると、乃木も握り飯を頰張《ほおば》り、兵士が河原に寝転ろんで休息をとれば、乃木もそうしました。作業再開後、乃木は再び午前と同じく河原に立ち、夕方作業が終わるまでその場を立ち去りませんでした。最初は「監視されている」と思って緊張していた兵士たちも、乃木が自分たちとあえて困苦をともにしようとしているのだと気づき、感激しない者はいなかったといいます。

この第十一師団こそ、のちに日露戦争の旅順《りょじゅん》攻囲戦において、第三軍司令官乃木希典の下で勇戦敢闘《かんとう》する師団の一つとなるのです。

わが身は常に兵士とともにある——乃木自身が「理想」として己《おのれ》に課した指揮官の姿は、日本人が愛する「名将」像そのものであったといえましょう。そして乃木の軍人、指揮官としての最大の長所は、作戦や戦略を練《ね》るといった以前の、この「統率力」という点にありました。これは当代随一《ずいいち》であり、文字どおり「乃木の右に出る者はいない」と、同時代の軍人は口を揃《そろ》えていっていたのです。

ところが、そんな乃木が第十一師団長を辞任せざるを得ない事態に追い込まれます。明治三十三年（一九〇〇）、義和団《ぎわだん》事件が勃発《ぼっぱつ》した際、第十一師団から派遣《はけん》されたある歩兵連隊の幹部が、分捕《ぶんど》った馬蹄銀《ばていぎん》を着服していたことが発覚したのです。これは直接的には派遣軍司令官の責任といえましたが、乃木は部下の中から不祥事《ふしょうじ》を起こした者が出たことに強い自責の念を抱き、休職願いを出して師団長を辞してしまったのです。以後、三年近く栃木県の那須野《なすの》に引き籠《こも》り、一農夫の生活を送りました。けれども乃木は、もし国難が起きれば、いつでも戦場に馳《は》せ参じる覚悟を保持していたといいます。

「二〇三高地問題」の裏にあったもの

明治三十七年（一九〇四）二月四日、御前会議で「日露開戦」が決定され、十日、日本はロシアに対して宣戦布告を行ないました。

同年五月、遼東《りょうとう》半島南端の要塞《ようさい》都市・旅順を攻略するため第三軍が編成されると、乃木はその司令官に任じられます。戦後、昭和四十年代になって、司馬遼太郎《しばりょうたろう》氏が『殉死《じゅんし》』や『坂の上の雲』を発表して以来、この旅順戦で第三軍は膨大《ぼうだい》な犠牲を出したことから、「乃木ほど軍人の才能の乏《とぼ》しい男もめずらしい」という印象がすっかり広まってしまいました。しかし近年の研究は、それが誤《あやま》りであったことをすでに明らかにしています。

『殉死』や『坂の上の雲』で乃木が愚将であるとの根拠にされたのは、海軍が繰り返し要請《ようせい》した比較的防備の手薄《てうす》と見られた二〇三高地を攻めず、東北正面の攻略にこだわったため、いたずらに犠牲が増すばかりであった、というものです。海軍が二〇三高地の奪取にこだわったのは、そこに観測所を設けて旅順港内の太平洋（旅順）艦隊を砲撃するためでした。しかし、東北正面を主攻することは、第三軍司令部のみならず、満州《まんしゆう》軍総司令部の大山巌《おおやまいわお》総司令官も児玉源太郎《こだまげんたろう》総参謀長も実は同意していたことだったのです。というのも、それが当然の軍事的選択だったからです。

そもそも二〇三高地は、東北正面の東鶏冠山《ひがしけいかんざん》、二龍山《にりゆうざん》、松樹山《しようじゆざん》の「三大永久保塁《ほうるい》」や本要塞からは、西に約五キロも外れた地点にあり、いわば孤立《こりつ》した要塞の一部にすぎません。そして、もしその攻略に手間取れば、周囲の大案子《だいあんし》、北太陽溝《きたたいようこう》、西太陽溝といった要塞からロシア兵が塹壕《ざんごう》を伝《つた》って救援に駆けつけてくる恐れが十分にあり、戦線はかえって膠着《こうちやく》状態に陥《おちい》ったでしょう。つまり、東北正面の要塞群の前をぐるりと迂回《うかい》して二〇三高地を攻めろ、などというのは、海軍の視野の狭《せま》さからくるエゴにすぎず、およそ軍事的合理性を欠いた「机上《きじよう》の空論」だったのです。

二百三米高地西北の半腹より頂上を望む

龍眼東方小角面堡より松樹山砲台正面の爆発を望む

事実、第一回総攻撃（八月十九日〜）、第二回総攻撃（十月二十六日〜）で第三軍が膨大な損害を被《こうむ》った後も、満洲軍総司令部の大山・児玉の両巨頭は、海軍や世論の圧力に屈《くっ》した大本営（東京）からの再三にわたる二〇三高地の攻略要請を、繰り返し拒否しています。大本営とは、戦時に際して設置される最高統帥機関で、海軍の軍令部長、陸軍の参謀総長などで構成されます。

実は、二〇三高地をめぐって大本営と満洲軍総司令部の方針が対立した背景には、「山県有《やまがたあり》朋《とも》問題」がありました。「山県の爺《じい》さんの作戦への介入《かいにゅう》を許せばこの戦争は負ける」と信じていた児玉は、大本営を経由せずに満洲におけるすべての日本陸軍を指揮する「陸軍総督府」の構想を日露戦争勃発直後に示しましたが、山県の子分である寺内正毅《てらうちまさたけ》陸相の猛反対に遭《あ》って、頓挫《とんざ》してしまいます。

結局、「ニコポン宰相」と渾名《あだな》された桂首相が調整するかたちで、児玉の「陸軍総督府」構想は形式上、大本営の隷下《れいか》にある出先機関に格下げされ、名称も満洲軍総司令部と改められました。

こうして満洲軍総司令官には参謀総長の大山、総参謀長には児玉参謀次長が就《つ》き、東京で留守を預かる後任の参謀総長には山県、参謀次長にはその子分の長岡外史《ながおかがいし》が就くことになりました。すなわち児玉は、元老山県の政治力の前に一度は屈服を余儀《よぎ》なくされたわけです。しかし児玉は、「満洲軍総司令部こそ大本営である」という考えを以後も改めませんでした。そして当初は大本営に帰属する予定だった第三軍の指揮権を、桂に直談判《じかだんぱん》して満洲軍総司令部に強引に移し替えてしまったのです。

当然、山県にとってみれば、これが面白くありません。そこで「海軍の要請」を受けていることを格好《かっこう》の口実に、旅順の第三軍の作戦に何度も口出ししてきたのです。つまり「二〇三高地問題」には、こうした大山・児玉率《ひき》いる満洲軍総司令部と山県・長岡率いる参謀本部の、陸軍全般の指揮をめぐる「主導権争い」がありました。日本の官僚組織の最も悪い面が出たともいえましょう。それにもかかわらず、乃木と第三軍司令部だけが大本営の要請を無視し続けたかのようにいうのは、公平ではありません。

「情報」と「補給」の軽視

　いずれにせよ、二〇三高地を攻略しても（十二月五日）、旅順要塞の陥落《かんらく》につながらなかったことは、司馬氏のいう「乃木愚将論」の誤りを実証しています。実際、その後も守将ステッセルの抗戦の意志は衰《おとろ》えず、延々《えんえん》一カ月も主攻正面の戦闘は継続しました。

　そしてもう一つ、司馬氏の「乃木愚将論」の誤りが明らかになっています。従来、二〇三高地の攻略後、第三軍は山頂に直《ただ》ちに観測所を設け、二十八センチ砲による砲撃で湾内の太平洋艦隊を壊滅《かいめつ》させたとされてきました。戦後の映画や小説などにも、この瞬間は名場面として繰り返し描かれています。しかしこれは、「神話」にすぎません。実際はロシア太平洋艦隊は、八月十日以来の海軍重砲隊による攻撃や同月十日の黄海《こうかい》海戦により上部構造物が破壊され、すでに戦闘能力の大半は喪失《そうしつ》していたのです。

もし日本海軍がまともな情報活動を行ない、旅順市街に有能な諜報員《ちょうほういん》が潜《もぐ》り込んでいれば、そんなことは簡単に分かっていたでしょう。

しかし、より大きな問題なのは、海軍軍令部が唱《とな》えたバルチック艦隊の日本海への到着予想は大幅に外れ、実際は旅順陥落後の五カ月も後であったことです。特に明治三十七年十月半ばにバルチック艦隊がリバウ港を出港したとの情報をつかんで以来、海軍はマスコミを使って国民の恐怖心を煽《あお》り、「早く旅順を落とせ」の一点張りで乃木批判を巻き起こしましたが、その責任は重いといわざるを得ません。なぜなら、海軍が急《せ》かしに急かしたからこそ、乃木第三軍は膨大な兵士たちの犠牲に涙を呑《の》みながら、「一日も早い陥落を」と、無理を承知で旅順を攻め続けたからです。

もし海軍が本当にバルチック艦隊の正確な東航時期を知らず、またその情報をつかむ努力をしていなかったとすれば、「情報戦《インテリジェンス》」の見地からいって信じられない怠慢《たいまん》というほかありません。

旅順停車場附近より撃沈せられたるペレスウイツト及ポルタワを望む
右はペレスウイツトにして　左はポルタワなり

二百三米高地中央鞍部塹壕銃眼より港口附近を望む

しかし、これは陸軍中央も同様です。旅順攻防戦が始まる前、「旅順の守備兵力は一万五千、大砲二百門」と見積もっていました。しかし実際は、その三倍以上の兵力を備えていました。軍事の常識として、攻撃側は防御側の三倍の兵力が必要といわれますから、第三軍は所要の三分の一以下の兵力で旅順要塞に挑まされた、ということになるのです。

おまけに、旅順要塞は大小の堡塁や砲台がベトン（コンクリート）で塗《ぬ》り固められ、それらを塹壕で結んだ最新の近代的大要塞でした。そうした情報を事前にまったく察知できなかったのは、児玉ら満洲軍総司令部ないし陸軍全体の責任です。

さらに、乃木と第三軍司令部は旅順攻略にあたりもっぱら「肉弾」に頼り、「火力」を軽視したかの印象がありますが、これも事実ではありません。現実には、第三軍の参謀が砲弾の「補給」をいくら要求しても、児玉から「旅順は肉弾でやってくれ」と繰り返し断られる始末だったのです。そこには、半工業国のままで日露戦争という近代戦を戦わざるを得なかった明治日本の、「国としての宿命」が象徴されているように思えます。

「情報」と「補給」の軽視。結局、乃木第三軍が置かれた苦衷《くちゅう》の原因を求めるとすれば、この二つに尽きます。それを「ああ攻めればよかったのに」などと、乃木の「作戦」の指揮の拙《つたな》さに求めるのは——まさに「情報」と「補給」の軽視こそ、大東亜《だいとうあ》戦争の大いなる惨禍《さんか》をもたらしたことを思えば——それこそ、歴史からまったく教訓を学んでいない、ということになるでしょう。

実際には、「いかなる大敵が来ても三年はもちこたえる」とロシア軍が豪語《ごうご》した旅順要塞を、第三軍はたいへんな砲弾不足に悩まされながら、常時五万人前後の寡兵《かへい》で落としたからこそ、当時の世界は「乃木とその将兵が奇跡を起こした」と震撼《しんかん》したのです。そして膨大な犠牲を出しながらも、第三軍の士気が少しも衰えなかったのは、ひとえに乃木の「統率力」の賜物《たまもの》でありました。旅順攻囲戦を結論づければ、その勝利は、乃木だからこそ成し遂《と》げることができた、ということに尽きるでしょう。

水師営東北方に於て戦病死者招魂祭典を執行の光景　　乃木司令官祭文朗読

二〇三高地陥落後の集合写真（第三軍と連合艦隊）

ステッセル中将と乃木大将

「明治の精神」に殉じる

旅順陥落後、水師営で乃木とステッセルの歴史的会見が行なわれました。この時、乃木はあえてステッセルに帯剣のままでの降伏調印を許し、広く世界にその「武士道精神」を称《たた》えられたことは有名です。司馬氏はこれを「芝居じみたこと」と批判していますが、そこには「武士の名誉を保たしめよ」との明治天皇の思《おぼ》し召《め》しがあったことも事実です。そして明治天皇とその大御《おおみ》心《こころ》を体した乃木のまさに「日本人のこころ」に、世界は感動するに至ったのです。

明治三十八年（一九〇五）九月、外相小村寿太郎《こむらじゅたろう》の頑張りでポーツマス講和会議がなり、第三軍にも凱旋《がいせん》命令が出されて、翌年一月、乃木は故国の土を踏みました。東京市民の熱狂的な歓迎を受けた後、乃木は天皇への復命書で、「かくの如《ごと》き忠勇の将卒を以《もっ》てして、旅順の攻城には半歳の長年月を要し…」と自分の責任を詫《わ》び、むせび泣いたといわれます。

以後、乃木は、「陛下の忠良なる将校士卒を多く旅順に失い申す」ことを「終生の遺憾《いかん》」とし、残されたあと六年余の命を日露戦争で戦死した将兵の魂《たましい》を慰《なぐさ》め、また遺族と傷病兵のためにできる限りの援助をすることに捧《ささ》げたのです。

難攻不落の旅順を落とした「日露戦争の英雄」として、乃木が長野師範《しはん》学校で講演を求められた時のことです。乃木は演壇には登らず、その場に立ったまま、「私は諸君の兄弟を多く殺した乃木であります」とひと言いって絶句し、滂沱《ぼうだ》の涙を流しました。これを見た満堂の生徒と教師らも、泣かぬ者はいなかったといいます。少しも己の功を誇ることなく、多数の将兵を死なせた責任を痛感して慟哭《どうこく》する乃木の姿に人々は感動したのです。

明治四十年（一九〇七）一月、そんな乃木を明治天皇は学習院長に任じます。翌年四月、裕《ひろ》仁《ひと》親王（後の昭和天皇）と二人の弟宮が学習院初等科に入学されました。明治天皇が乃木を学習院長に任じたのは、皇孫の教育を託せる相手は、乃木以外にいない、とお考えになったからでしょう。

渡英の時、マルセイユ船上にて（明治44年）

日露戦争後、日本は軍部だけでなく一般市民までもが「大国ロシアに勝った」と浮かれ騒ぎ、早くも奢侈《しゃし》と安逸の風潮が蔓延《まんえん》するようになっていました。一九八〇年

ロンドンでの戴冠式当日（明治44年６月22日）

代後半、日本は「経済大国になった」と慢心《まんしん》し、バブル景気に浮かれていましたが、ちょうどそれと同じような世相だったとみてよいでしょう。乃木は人一倍そんな風潮を憂《うれ》い、たとえば小学校の児童三千人を集めた訓話《くんわ》の際に、次のように語りかけています。「驕《おご》りに傾くのは、お国の将来のために嘆《なげ》かわしいことであります。どうか皆さんは質素剛健の徳を積んで、どこまでもお国を滅ぼす最も恐ろしい敵である、奢侈と戦う覚悟をもってもらいたいものです」。

この国の未来に対して、明治天皇はこうした乃木の危機感と同じものをお持ちでした。そして乃木が昭和天皇にまさしく「勤勉」と「質素」の大切さを徹底して教育したのも、明治天皇の思いを体してのことだったと思います。

大正元年（一九一二）九月十三日、「なぜか将軍だけは弾《たま》があたらない」と戦場で兵士たちから不思議がられた乃木にも、最期の時がやってきました。

午後八時、明治天皇の御遺体を乗せた御霊轜《ごれいじ》（柩《ひつぎ》を乗せた車）が天皇の崩御《ほうぎょ》を悼《いた》む市民が詰めかける宮 城《きゅうじょう》を出発、合図の号砲が放《はな》たれると、自宅にて乃木は古式に則《のっと》って切腹《せっぷく》、明治天皇のあとを追って自決を遂げました。享年《きょうねん》六十四。妻静子《しずこ》も行《こう》をともにして自刃《じじん》しました。

乃木の殉死については、これまで多くの碩学《せきがく》がさまざまな意味づけをしてきました。あえてそこに私なりの解釈をつけ加えると、そこには後世に向けての「警醒《けいせい》」という意味が込められていたのではないでしょうか。

吉田松 陰《よしだしょういん》や幕末の志士たちは皆、楠木正成《くすのきまさしげ》を深く崇敬《すうけい》していましたが、乃木も同じです。正成が息子正行《まさつら》と別れた「桜井《さくらい》の駅」（現大阪府三島郡島本町桜井）には、今日、乃木の揮毫《きごう》

「楠公父子訣別之所」(乃木希典揮毫)

による「楠公《なんこう》父子訣別《けつべつ》之所」の碑《ひ》が建っています。無謀な作戦と知りつつ、「尊王の大義」に殉じるべく従容《しょうよう》として湊川《みなとがわ》へ赴いた正成の生き方は、幕末の志士たちの感動を呼び起こし、彼らの行動の源泉となりました。実にそうした「楠公精神」が明治維新を成し遂げ、大国ロシアを打ち破って日本の独立を守った原動力そのものだったのです。

しかし、日露戦争後、この国からはそうした気概が急速に失われつつありました。だとすれば、松陰の死が多くの志士たちを奮起《ふんき》させたように、自らの死でもってこの国の人を覚醒《かくせい》させたい――。それが「明治の武士」乃木希典が貫いた天皇と国家に対する最後の奉公《ほうこう》の姿だったのではないでしょうか。そしてこうした乃木の生き方は、戦後、唯一《ゆいいつ》の拠所《よりどころ》であった経済力を喪失して茫然《ぼうぜん》自失している現在の日本人に、己を虚《むな》しくして大義に殉じるという「明治の精神」の輝きを、いま再び思い起こさせてくれるのではないでしょうか。

中西輝政（なかにしてるまさ）
1947年、大阪生まれ。京都大学法学部卒業。英国ケンブリッジ大学歴史学部大学院修了。京都大学助手、三重大学助教授、スタンフォード大学客員研究員、静岡県立大学教授を経て、現在、京都大学大学院教授（総合人間学部教授を兼任）。専攻は国際政治学、国際関係史、文明史。石橋湛山賞（1990年）、毎日出版文化賞・山本七平賞（1997年）、正論大賞（2002年）、文藝春秋読者賞（1999年、2005年）受賞。
主な著書に、『日本の「覚悟」』『日本の「死」』『日本の「敵」』（以上文藝春秋）、『国民の文明史』（扶桑社）、『インテリジェンスの20世紀』（共著、千倉書房）、『大英帝国衰亡史』（PHP研究所）、『日本人としてこれだけは知っておきたいこと』（PHP新書）、『アメリカ外交の魂』（集英社）、『帝国としての中国』（東洋経済新報社）など多数。

乃木希典――日本人への警醒――
ISBN978-4-336-05178-3
平成二十二年四月　一日　印刷
平成二十二年四月十三日　発行
著　者　中西輝政
発行者　乃木神社社務所
〒107-0052
東京都港区赤坂八-十一-二十七
電話〇三-三四七八-三〇〇一
発行所　国書刊行会
〒174-0056
東京都板橋区志村一-十三-十五
電話〇三-五九七〇-七四二一
印刷所　㈱シナノパブリッシングプレス